BEI GRIN MACHT SICH IHR WISSEN BEZAHLT

- Wir veröffentlichen Ihre Hausarbeit,
  Bachelor- und Masterarbeit

- Ihr eigenes eBook und Buch -
  weltweit in allen wichtigen Shops

- Verdienen Sie an jedem Verkauf

Jetzt bei www.GRIN.com hochladen und kostenlos publizieren

Bibliografische Information der Deutschen Nationalbibliothek:

Die Deutsche Bibliothek verzeichnet diese Publikation in der Deutschen National-
bibliografie; detaillierte bibliografische Daten sind im Internet über http://dnb.d-
nb.de/ abrufbar.

Impressum:

Copyright © 2015 GRIN Verlag, Open Publishing GmbH
Druck und Bindung: Books on Demand GmbH, Norderstedt Germany
ISBN: 9783668273511

Dieses Buch bei GRIN:

http://www.grin.com/de/e-book/337934/korruption-in-der-deutschen-polizei-
phaenomen-motivation-praeventionsansaetze

Andreas Blume

Korruption in der deutschen Polizei. Phänomen, Motivation, Präventionsansätze

GRIN Verlag

GRIN - Your knowledge has value

Der GRIN Verlag publiziert seit 1998 wissenschaftliche Arbeiten von Studenten, Hochschullehrern und anderen Akademikern als eBook und gedrucktes Buch. Die Verlagswebsite www.grin.com ist die ideale Plattform zur Veröffentlichung von Hausarbeiten, Abschlussarbeiten, wissenschaftlichen Aufsätzen, Dissertationen und Fachbüchern.

Besuchen Sie uns im Internet:

http://www.grin.com/

http://www.facebook.com/grincom

http://www.twitter.com/grin_com

Bad Cops –

Korruption in der deutschen Polizei: Phänomen, Motivation, Präventionsansätze

Dr. Andreas Blume

Juni 2015

Hausarbeit im Rahmen des Masterstudiengangs Kriminologie und Polizeiwissenschaft, Modul Angewandte Polizeiwissenschaft, Juristische Fakultät der Ruhr-Universität Bochum

Inhaltsverzeichnis

1. Einleitung

Im Februar 2014 wurden beim Leiter der Kemptener Drogenfahndung 1,6 kg Kokain in seinem Büroschrank aufgefunden. Der Beamte gab an, er habe die Drogen zu Schulungszwecken genutzt. Die Ehefrau jedoch widersprach ihm und erklärte, ihr Mann habe die Drogen im Wert von rund 250.000 Euro selbst gekauft. Doch wie kann er sie bezahlt haben? Mit Bargeld oder mit polizeiinternen Informationen? Ferner wurden Ermittlungen gegen einen weiteren Beamten durchgeführt; er soll einen italienischen Drogenhändler über einen Dritten vor Polizeiaktionen gewarnt haben.[1]

Ein LKA-Beamter wurde verdächtigt, eine groß angelegte Razzia bei den Hells Angels in Berlin am 30. Mai 2012 verraten zu haben. Der Erfolg der Razzia wurde zumindest teilweise vereitelt, weil einen Tag vor den Maßnahmen zur Durchsetzung eines Verbotsverfahrens der Club sich überaschenderweise selbst aufgelöst hatte.[2]

Deutschland rangiert im *Corruption Perception Index* 2014 auf Platz 12 von 175 Ländern und verfügt damit über eine vergleichsweise niedrige empfundene Korruptionsrate.[3] Ist es dennoch notwendig, sich dem Phänomen Polizeikorruption zu widmen?

Polizeiskandale in den Medien und wenige nutzbare statistische Zahlen kratzen am Idealbild des „unbestechlichen deutschen Polizeibeamten", der im Gegensatz zu seinen Kollegen in Schwellen- und Entwicklungsländern stets nach dem Gesetz handelt, sich nicht bereichert, sein Amt nicht für persönliche Zwecke missbraucht und sich von seiner „kriminellen Klientel" nicht infizieren lässt. Korruption wird als große Gefahr für den demokratisch verfassten Rechtsstaat und die soziale Marktwirtschaft gesehen[4] – nicht jeder Polizist ist dagegen immun.

---

[1] Vgl. „Allgäuer Kokain-Affäre. Jetzt auch Beamtin unter Verdacht", in: BR (online), 01.07.2014, S. 2.
[2] Vgl. *Kopietz*, 28.08.2012, S. 1.
[3] Vgl. *Transparency International* 2014, S. 1.
[4] Vgl. *Mischkowitz/Bruhn/Desch et al* 2000, S. 23.

Es ist zwar banal, festzuhalten, dass Polizisten auch „nur" Menschen sind, aber genau da liegt die Crux; auch sie haben individuelle Bedürfnisse, können sich unter bestimmten Umständen abweichend verhalten und sogar bewusst Straftaten im Zusammenhang mit ihrer Funktion und der verliehenen Macht begehen, um sich zu bereichern.

Diese Hausarbeit hat sich zum Ziel gesetzt, (a) das Phänomen Polizeikorruption in Deutschland darzustellen und (b) qualitativ zu analysieren unter welchen persönlichen, situativen und Umfeld orientierten Faktoren bzw. -konstellationen sich die Wahrscheinlichkeit erhöht, dass Polizisten zu „Bad Cops" werden, d.h. sich korrumpieren lassen oder selbst die Initiative ergreifen, sich durch Korruption regelmäßige bzw. dauerhafte Geldquellen zu erschließen. Ferner skizziert sie (c) Ansätze für Gegenmaßnahmen, die die Innenministerien bzw. Polizeibehörden gegen Korruption in den eigenen Reihen ergreifen können.

Nicht im Fokus dieser Arbeit steht das sogenannte „Dirty-Harry-Syndrom" (mit den falschen Mitteln das Richtige erreichen).

Warum ist es wichtig, sich diesem Themenkomplex zu widmen? Zunächst steckt die Korruptionsforschung mit dem Fokus Strafverfolgungsorgane in Deutschland im Vergleich zum anglo-amerikanischen Raum noch in den Kinderschuhen. Denn über die Entstehung abweichenden Verhaltens in Verbindung mit dem Beruf von Polizeibeamten ist bisher in Deutschland wenig geforscht worden.[5] Die große Ausnahme bildet das polizeiinterne gemeinsame Forschungsprojekt des Bundeskriminalamtes und der Polizei-Führungsakademie namens *Einschätzungen zur Korruption in Polizei, Justiz und Zoll*, das zwischen 1995 und 1999 einen wertvollen Beitrag zur empirischen Korruptionsforschung leistete.[6] Insbesondere im Hinblick auf die Motivationslage der Beteiligten, aber auch bezüglich möglicher Gegenmaßnahmen, besteht Forschungs- und Aufklärungsnotwendigkeit.

Es ist gerade die Polizei, die sich kriminelles bzw. korruptes Verhalten in den eigenen Reihen „nicht leisten" kann. Sie ist Besitzer des staatlichen Machtmonopols, sie ist

---

[5] Vgl. *Kerner*, 1991, S. 175.
[6] Vgl. *Mischkowitz/Bruhn/Desch et al*, 2000, S. 8.

Schlüsselinstitution zur Gewährleistung innerer Sicherheit, sie ist der Bevölkerung gegenüber der Fairness und der ausschließlichen Anwendung rechtstaatlicher Mittel verpflichtet und hat die Aufgabe, Kriminalität zu bekämpfen und ihr immer stärker auch vorzubeugen. Als Ursprung eigener, spezifischer Kriminalitätsformen „taugt" sie nach ihrem Selbstverständnis nicht. Selbst wenige publik gewordene Fälle korrupten Verhaltens von Polizeibeamten können zu erheblichem Schaden führen. Im Gegensatz zur rein privatwirtschaftlichen Korruption (z.B. Bestechungspraktiken zwischen zwei Anbieter und Einkaufsabteilung eines anderen Unternehmens), wo solche Praktiken zwar Wettbewerbsverzerrungen und niedrigere Gewinne für einzelne Unternehmen zur Folge haben, bedeutet Korruption innerhalb der Polizei qualitativ etwas anderes. Sie kann zu einem erheblichen Reputationsschaden führen und in einem Vertrauensverlust der Bevölkerung in die Strafverfolgungsorgane münden.

Und schließlich kann nur *eine* kriminelle Handlung eines Polizisten – z.B. die Warnung eines Mitglieds einer kriminellen Organisation - den Fahndungserfolg von Sonderkommissionen vieler Jahre konterkarieren und erheblichen sozialen und wirtschaftlichen Schaden verursachen. Daher lohnt es sich, das Phänomen näher zu betrachten.

Diese Arbeit ist methodisch induktiv aufgebaut. Zunächst soll in Kapitel 2 geklärt werden, welche Tatbestände unter „Polizeikorruption" fallen, welche Daten dazu quantitativ verfügbar sind und welche unterschiedliche Formen und Verlaufsarten der Polizeikorruption typisiert werden können.

In Kapitel 3 wird unter theoretischer Bezugnahme des sogenannten „Fraud Triangle" (Betrugsdreieck), das Donald R. Cressey bereits 1953 (*Other People's Money*) entwickelte, untersucht, welche Anreize bzw. Motive, Gelegenheiten und Rechtfertigungen dazu führen können, dass sich die Wahrscheinlichkeit für korruptes Verhalten durch Polizisten erhöht. Dabei wird auch auf verschiedene Persönlichkeitsstrukturen eingegangen, die für dolose Handlungen besonders „empfänglich" sein können.

In Kapitel 4 wird auf Basis der vorangegangenen Erkenntnisse analysiert, wie mit präventiven und reaktiven Maßnahmen der Korruption in der Polizei begegnet werden kann.

Im Schlusskapitel werden die im Laufe der Arbeit auf Argumenten basierenden Thesen zu einem Fazit integriert und Schlussfolgerungen für den Umgang der Institution Polizei mit dem Phänomen der Korruption in den eigenen Reihen gezogen.

2. Das Phänomen Polizeikorruption

2.1. Definition Polizeikorruption

Transparency International definiert Korruption als das „Ausnutzen von anvertrauter Macht zum persönlichen Nutzen."[7]

Der Grundgedanke des Korruptionsstrafrechts ist der Schutz der Sachlichkeit der Dienstausübung.[8] Eine einheitliche Definition von „Polizeikorruption" existiert in Deutschland jedoch nicht. Im engen strafrechtlichen Sinne werden Korruptionsdelikte unter den Tatbeständen der §§ 331 bis 335 StGB, d.h. Vorteilsnahme, Bestechlichkeit, Vorteilsgewährung und Bestechung subsummiert.[9] Ferner ist es aus kriminologischer Sicht sinnvoll, typische Begleitdelikte wie z.b. die Verletzung des Dienstgeheimnisses (§ 353b StGB) oder Strafvereitelung im Amt (§ 258a StGB) mit in Betracht zu ziehen.

Eine weit gefasste Definition von *Polizeikorruption* findet man bei den amerikanischen Kriminologen Barker und Roebuck. Für sie ist *Polizeikorruption* „jegliche Art eines geächteten Verhaltens, in das ein Polizeibeamter verwickelt ist, der durch seine offizielle Position aktuelle, potenzielle, unrechtmäßige materielle Belohnungen oder Vorteile erhält oder erwartet, solche zu erhalten."[10]

Zur achtklassigen Typologie von Barker und Roebuck zählen zur *Polizeikorruption* Vergehen wie

- die Bestechung von Amtsinhabern (z. B. Einladung zum Essen),
- die Gewährung von Vorteilen (z. B. Geld- und Sachleistungen von Abschleppunternehmen),

---

[7] *Transparency Deutschland 2005*, S. 3
[8] Vgl. *Transparency Deutschland 2005,*, S. 3.
[9] Vgl. *Mischowitz/Bruhn/Desch et al 2000*, S. 25.
[10] *Kerner* 1991, S. 175.

- der Verzicht auf Anzeige (z. B. von Straftätern oder Verkehrssündern),
- der Schutz rechtswidriger Handlungen (z. B. Schutzgeld von Kriminellen)
- die Manipulation im Zusammenhang mit strafrechtlicher Verfolgung (z. B. Vernichtung von Beweisen, Strafzetteln),
- der Handel mit internen Vergünstigungen (z. B. Beförderungen) sowie

Tatbestände wie

- der Diebstahl bei günstiger Gelegenheit (z. B. Diebstahl von Wertgegenständen am Tatort) und
- die unmittelbare Begehung von Straftaten (Begehung von Einbruchsdiebstählen, Banküberfällen).

Ahlf hält fest, dass zumindest bei den beiden letztgenannten Typen das für Korruption typische Äquivalenz- oder Verbindungsverhältnis zwischen Vorteilsnehmer und -geber nicht vorhanden ist.[11] Da die Reziprozität zwischen Leistung und Gegenleistung nicht existiert, sollte es nicht unter den Begriff der Korruption fallen.

Angelehnt an Kerner sind drei Elemente der Korruptionshandlung essentiell: Erstens, es muss eine missbräuchliche Handhabung eines anvertrauten Amtes vorliegen, der in einem Verstoß gegen rechtliche Standards resultiert, zweitens muss ein unmittelbarer Vorteil für den Amtsträger bzw. dessen private Interessen durch die korrupte Handlung vorliegen und drittens muss der Versuch der Geheimhaltung erfolgen.[12]

Laut Bundeslagebild Korruption werden dem Nehmer folgende Vorteile gewährt: In mehr als 70% sind es Sachzuwendungen und Bargeld, gefolgt von Bewirtungen (8%), Dienstleitungen (7%), Teilnahme an Veranstaltungen (6%), Reisen (4%) sowie kostenfreie Bordellbesuche (1%).[13]

---

[11] Vgl. *Ahlf* 1997, S. 22.
[12] Vgl. *Kerner* 1991, S. 175.
[13] Vgl. *Bundeskriminalamt* 2013, S. 12.

2.2. Quantitative Dimension

Die quantitative Dimension der Polizeikorruption zu bestimmen, ist aus mehreren Gründen besonders schwierig: Das Dunkelfeld ist aufgrund der Natur der Straftat schwer messbar. Dank einer geringer Anzeigenbereitschaft und einem vergleichsweise hohen *absoluten* Dunkelfeld liegt es nahe, dass das Hellfeld nur einen kleinen Teil der tatsächlichen Straftaten abbildet. Für allgemeine Wirtschaftskriminalität reichen die Schätzungen für das Dunkelfeld von 80% bis 90%.[14] Bezogen auf die Korruption scheint dies in besonderem Maße auf die systematische Korruption (*siehe Abschnitt 2.3.3*) zuzutreffen.[15]

Ferner ist in der Bundesrepublik Deutschland – im Gegensatz z.B. zu den USA, wo über das Phänomen „Police Misconduct" seit Jahren intensiv und unabhängig Statistiken geführt werden[16] – die Datenlage dünn. Des Weiteren erschwert ein „kollegiales Schweigen" innerhalb der Polizei die Aufklärung von Korruptionsfällen. „Wer Kollegen anzeigt, riskiert, vom dienstlichen sozialen Nahraum abgekoppelt zu werden oder seine Beförderung für lange Zeit vergessen zu können" – so ein Polizeikommissar, der namentlich nicht genannt werden möchte.[17]

Angaben zum *Hellfeld* lassen sich aus der Polizeilichen Kriminalstatistik (PKS), der Strafverfolgungsstatistik, der Angaben des Bundesdisziplinaranwalts und den Lagebildern Korruption gewinnen.[18]

Die PKS liefert entsprechende Daten unter der Schlüsselnummer „650000" (Wettbewerbs-, Korruptions- und Amtsdelikte). Für das Jahr 2013 sind 5.084 Fälle ausgewiesen.[19] Der Schwerpunkt der polizeilich bekannt gewordenen Korruptionsstraftaten liegt im Bereich der öffentlichen Verwaltung (2013: 60%), gefolgt von der Wirtschaft (30%), den Strafverfolgungs- und Justizbehörden (9%) und der Politik (1%). Betrachtet man

---

[14] Vgl. *Schwind* 2013, S. 465.
[15] Vgl. *Landeskriminalamt Baden-Württemberg* 1995, zitiert nach *Mischkowitz/Bruhn/Desch et al* 2000, S. 80.
[16] Vgl. *Cato Institute* 2010, S. 1, die Kategorie „Police Corruption" im engeren Sinne ist hier nicht verfügbar.
[17] *Polizeikommissar der Bundespolizei mit Dienstsitz in Nordrhein-Westfalen*, mündliche Mitteilung, 18.05.2015.
[18] Vgl. *Mischkowitz/Bruhn/Desch et al* 2000, S. 153.
[19] Vgl. *Bundesministerium des Innern* 2014, S. 71.

die „Branchenzugehörigkeit" der Nehmer, so macht die Polizei 4% aus[20], d.h. es handelt sich um rund 200 Fälle. Kann man also „Entwarnung" geben?

Das Landeskriminalamt Baden-Württemberg merkt dazu kritisch an: „Die geringen Fallzahlen sind eher Indiz für vorhandene Erkenntnisdefizite, als für eine tatsächlich geringe Belastung mit Korruptionsdelikten."[21] Die Studie des BKA gibt ebenso Anlass, die vermeintlich geringe Korruptionsbelastung innerhalb der Polizei in Frage zu stellen: 770 Mitglieder der Strafverfolgungsbehörden, d.h. stammend aus Schutzpolizei, Kriminalpolizei, Staatsanwaltschaften, Gerichten, Justizvollzug und Zoll, wurden bundesweit interviewt, in welchem Ausmaß sie die vorgenannten Gruppen als von Korruption betroffen einschätzen.

Für die Schutzpolizei ergaben sich folgende Werte: 1,8% „nicht betroffen", 56,1% „eher gering betroffen", 29,4% eher stark betroffen und 3% „sehr stark betroffen". Für die Kriminalpolizei ergaben sich ähnliche Ergebnisse: „1,7% „nicht betroffen", 59,9% „eher gering betroffen", 25,7% eher stark betroffen und 3% „sehr stark betroffen".[22]

Sowohl bei der Schutzpolizei als auch bei der Kriminalpolizei bewerten knapp 33% bzw. 29% der Befragten das Korruptionsausmaß mindestens als „eher stark". Dies sind Indizien dafür, die deutlich gegen zwei Argumente sprechen: Erstens scheint es sich de facto nicht um „reine Einzelfälle" zu handeln und zweitens hat es den Anschein, dass die sogenannte „Schwarze-Schafe-Theorie"[23] Polizeikorruption in Deutschland nicht hinreichend erklären kann.

2.3. Korruptionstypen

Es gibt vielfältige Bezeichnungen für die unterschiedlichen Typen korrupten Handelns. Man unterscheidet zwischen der „spontanen" (aus einem plötzlichen Entschluss her-

---

[20] *Bundeskriminalamt* 2014, S. 11.
[21] *Landeskriminalamt Baden-Württemberg* 1995, zitiert nach *Mischkowitz/Bruhn/Desch et al* 2000, S. 80.
[22] Vgl. *Mischkowitz/Bruhn/Desch et al* 2000, S. 138.
[23] Diese Theorie besagt, dass Korruption lediglich auf die Verfehlungen weniger „einzelner schwarzer Schafe", die aus Habgier und Geltungssucht handeln, zurückzuführen ist (vgl. *Mischkowitz/Bruhn/Desch et al* 2000, S. 36).

7

aus), der „situativen" (einmaliger Vorgang in Abhängigkeit von der gerade herrschen-
den Situation), der „opportunistischen" (Gelegenheitskorruption, die sich immer wieder
wiederholt), der „geplanten" (gedankliche Vorwegnahme der Schritte zum Vollzug der
Handlung), bis hin zur „systematischen" (Aufbau einer gewissen Ordnung und Struk-
tur) und „strukturellen Korruption" (der Korruption liegt ein relativ stabiler Aufbau und
bzw. Organisation zu Grunde).[24]

Zwischen diesen Begriffen gibt es phänomenologische Unterschiede. Ihnen liegen
nicht nur verschiedene Motivationslagen zugrunde, sondern sie implizieren auch unterschiedliche Schadenshöhen für das Gemeinwesen, differieren im „Ausmaß der kriminellen Energie", die hinter der korrupten Handlung steht sowie in der Organisations-
form, dem Beziehungsgeflecht zwischen den Tätern und der Dauer der Tat(en) und
erfordern unterschiedliche Bekämpfungsstrategien.

Im Folgenden werden daher drei idealtypische Korruptionstypen[25] kurz charakterisiert.

2.3.1. Situative Korruption

Bei der situativen Korruption geht es um den Versuch der Bewältigung einer einmali-
gen oder ungewöhnlichen Lebenslage des Gebers. Die Idee dazu wird erst aus der
Notsituation geboren (häufig bei Kontrolldelikten, z.B. Verstöße gegen das Betäu-
bungsmittelgesetz, Kontrolle bei Trunkenheitsfahrt oder anderen Verkehrsdelikten).

Geht die Tatinitiative vom Nehmer, d.h. dem Beamten aus, wird in der Regel keine
solche situative Notlage vorliegen. Für die Charakterisierung der situativen Korruption
ist es wichtig, dass die Leistung des Gebers (Vorteil des Beamten) nur bei Gegenleistung (Amtsmissbrauch) erfolgt und die korruptive Beziehung zwischen Geber und Nehmer zufällig entsteht, nicht auf Dauer angelegt ist und normalerweise die Tatbeteiligten
sich schnell wieder „vergessen wollen."[26]

Aus Sicht des Beamten ist dieser Typ der Korruption mit nicht unerheblichen Entde-
ckungsrisiken behaftet: Eine Anzeigenerstattung durch den potenziellen Geber ist je

---

[24] Vgl. *Mischkowitz/Bruhn/Desch et al* 2000, S. 172-175.
[25] Hier wird weitgehend der Argumentation von *Mischkowitz/Bruhn/Desch et al 2000*, S. 176f, gefolgt.
[26] Vgl. *Mischkowitz/Bruhn/Desch et al* 2000, S. 177.

nach dessen subjektiv empfundener Notlage, seiner Rechtstreue und der Höhe der Forderung des Beamten nicht unerheblich.

2.3.2. Opportunistische Korruption

Unter der opportunistischen Korruption verstehen Mischkowitz, Bruhn und Desch et al den „Graubereich zwischen situativer und systematischer Korruption, der kaum präzise abzugrenzen ist."[27] Es ist eine Gelegenheitskorruption gemeint, die von Geber und Nehmer in bestimmten Situationen sich durch eine allzu bereitwillige Anpassung an die jeweilige Lage wiederholt.

Es kann sich beispielsweise um eine durch Geschenke geförderte bevorzugte Beauftragung spezieller Abschleppunternehmen handeln oder die entgeltliche aber eher unsystematische Weiterleitung von brisanten Informationen über spektakuläre Straftaten bzw. Strafverfahren an die Presse.

Neutralisierungstechniken[28] werden hier meistens schon angewandt, aber es besteht keine notwendige differenzierte Tatplanung mit einem höheren Organisationsaufwand. Bei der opportunistischen Korruption sind Geber und Nehmer bei der Tatbegehung nicht auf bestimmte Personen oder Firmen festgelegt. Die Korruption erfolgt nur, wenn eine konkrete Gegenleistung getätigt wird. Es herrscht bereits ein Klima der Akzeptanz von Korruption als legale Nebenverdienstquelle, die Achtung staatlicher Autoritäten verliert an Akzeptanz und eine Selbstbedienungsmentalität macht sich breit. Da die Situation für beide Parteien bekannt und akzeptiert ist, besteht nur ein geringes Risiko, auf Widerstand zu stoßen[29] oder angezeigt zu werden.

2.3.3. Systematische Korruption

Systematische Korruption ist langfristig angelegt und bewusst geplant.[30] Sie kann von beiden Seiten ausgehen und kann sich aus normalen Beziehungen heraus ergeben. Oft geht ihr eine systematische „Verbrüderung" bzw. Verstrickung voraus, das heißt,

---

[27] *Mischkowitz/Bruhn/Desch et al* 2000, S. 177.
[28] Unter „Neutralisierungstechniken" versteht man Argumente zur Rechtfertigung der eigenen Straftat (vgl. *Schwind* 2013, S. 401).
[29] Vgl. *Mischkowitz/Bruhn/Desch et al* 2000, S. 177.
[30] Vgl. *Transparency Deutschland* 2005, S. 4.

vom Geber werden „Anfütterungstechniken"[31] bzw. „Kultivierungsstrategien" genutzt, um den Nehmer langsam in ein Abhängigkeitsverhältnis zu bringen. Dies geschieht meistens auf perfide Weise. Es beginnt mit kleinen Regelverstößen (Einladung zum Essen, freie Getränke in der Bar), denn das Gewissen der „Zielperson" soll nicht zu stark belastet werden. Oft kann der Geber noch nicht genau sagen, in welcher Form er Vorteile aus der Beziehung schöpfen wird, daher baut er eine Art soziales „Guthaben"[32] in Form einer Verpflichtung zur unspezifischen Gegenleistung auf.

Fälle systematischer Korruption können zu langjähriger Tatbegehung, Überregionalität, einer Vergrößerung des Täterkreises[33] und zu einer Art „kriminellen *modus operandi*" führen, der von allen Insidern respektiert wird.

Wie dauerhaft korruptive Verbindungen sind, zeigt das Bundeslagebild Korruption des BKA auf: In nur 13% der Fälle dauert die Beziehung weniger als einen Monat, drei bis zehn Jahre machen 49% aus und 11% der illegalen Bereicherung erstreckt sie sich über mehr als zehn Jahre.[34]

Beispiele für systematische Polizeikorruption können sein: die regelmäßige Warnung vor Razzien im Rotlichtmilieu oder der einseitige Schutz von Bordellbetreibern gegen Wettbewerber (gegen Geld, kostenfreie Verköstigung und kostenfreie Liebesdienste), die Vereinnahmung von V-Leuten, die in der Bekämpfung der Organisierten Kriminalität eingesetzt sind, sowie die regelmäßige Zusammenarbeit mit Sicherheitsdienstleistern (häufig ehemalige Polizeibeamte), die auf staatliche Informationsquellen gegen eine vorher vereinbarte „private Aufwandsentschädigung" zurückgreifen.

---

[31] Unter „Anfüttern" oder auch „Kultivieren" (Begriff aus der Sprache der Nachrichtendienste) wird verstanden, eine Person durch Aufbau einer freundschaftlichen Beziehung (Lob, Anerkennung, Einladungen zu Essen, hochwertige Alkoholika, Unterstützung, andere geldwerte Vorteile) für sich zu gewinnen, mit dem Ziel, von diesem zu einem späteren Zeitpunkt eine Gegenleistung einzufordern – basierend auf dem Reziprozitätsprinzip („gibst Du mir, gebe ich Dir").
[32] Vgl. *Mischkowitz/Bruhn/Desch et al*, 2000, S. 178.
[33] Vgl. *Mischkowitz/Bruhn/Desch et al*, 2000, S. 179.
[34] Vgl. *Bundeskriminalamt* 2013, S. 10.

3. Anreiz, Gelegenheit und Rechtfertigung

3.1. Der theoretische Bezugsrahmen

„Trusted persons become trust violators when they conceive of themselves as having a financial problem which is non-shareable, are aware this problem can be secretly resolved by violation of the position of financial trust, and are able to apply to their own conduct in that situation verbalizations which enable them to adjust their conceptions of themselves as trusted persons with their conceptions of themselves as user of the entrusted funds or property."[35]

Donald R. Cressey, der bereits in den fünfziger Jahren sich mit der Erforschung wirtschaftskrimineller Handlungen - zu der auch die Korruption zählt - beschäftigt hat, erschuf mit seinem „Fraud Triangle" („Fraud" englisch für Betrug, Fälschung, List, Schwindel, Unterschlagung und „Triangle": Dreieck) ein integratives Modell, um zu erklären, unter welchen Umständen es wahrscheinlich wird, dass wirtschaftskriminelle, dolose Handlungen von Individuen begangen werden.[36] Zwar teilweise prozesshafte Entwicklungen, die meist im Vorfeld einer wirtschaftskriminellen Handlung stehen, ausblendend, ist seine zentrale Erkenntnis wertvoll, und zwar dass drei Faktoren gleichzeitig zusammen treffen müssen, damit Wirtschaftsstraftaten sehr wahrscheinlich werden. Es handelt sich dabei um die die Eckpunkte des „Betrugsdreiecks": (a) das Vorliegen eines subjektiven finanziellen Bedürfnisses, Motivs bzw. eines Anreizes, (b) eine subjektiv als „gut" bewertete Gelegenheit, und (c) eine persönliche Rechtfertigung (Rationalisierung) für das rechtswidrige Handeln.[37]

Im Gegensatz zu Cressey, der davon ausging, dass Wirtschaftsstraftäter in der Mehrzahl der Fälle aus einer finanziellen Notlage heraus handeln, hat laut Siller die empirische Forschung der letzten Jahrzehnte gezeigt, dass der Großteil der Täter vielmehr aus Motiven eines belasteten eigenen Arbeitnehmer-Arbeitgeber/Vorgesetzten-Verhältnisses[38] heraus illegale finanzielle Gratifikation sucht.

---

[35] *Cressey* 1973, S. 30.
[36] Vgl. *Cleff/Luppold/Naderer et al* 2009, S. 15.
[37] Vgl. *Siller* 2015, S. 1.
[38] Vgl. *Siller* 2015, S. 1.

Die Gelegenheit ergibt sich laut Cressey vor allen Dingen durch die Kenntnis der Schwächen des internen Kontrollsystems bzw. die Erkenntnis, dass das Vertrauen des Arbeitgebers in die eigene Person zum eigenen Vorteil missbraucht werden kann. Häufig ist durch die Funktion des Mitarbeiters die Art und Weise des potenziellen Deliktes vorbestimmt.

Mit der individuellen Tatrechtfertigung – sei sie für Außenstehende noch so „hanebüchen" oder abstrus, schließt sich das Betrugsdreieck.

Kann das Dreieck zumindest auf *einer Seite* durchbrochen werden, so verhindere dies laut Cressey weitere wirtschaftskriminelle Straftaten.[39]

3.2. Täterprofile

Im Zusammenhang mit der Konzeption des Betrugsdreiecks ist es interessant, sich mit der Persönlichkeitsstruktur von Tätern kurz zu befassen.

Erstens, es gibt Persönlichkeitsprofile, bei denen die Wahrscheinlichkeit, wirtschaftskriminell zu werden, *ceteris paribus* signifikant höher ist als bei anderen Menschen. Je stärker sich ein Mensch an Materiellem orientiere, je großspuriger er auftrete, umso höher sei die Gefahr, dass er zum Straftäter würde. Es bestünde ein Zusammenhang zwischen Wirtschaftskriminalität und Hedonismus bzw. Narzissmus.[40]

In der Literatur werden unterschiedliche Persönlichkeits-Typologien verwendet. Cleff et al sprechen vom „Visionär" (im Mittelpunkt des Lebens steht die Verwirklichung beruflicher Ziele) in unterschiedlichen Ausprägungen (egozentriert, frustriert, narzisstisch), vom „Abhängigen" (Verlustängste lassen ihn fremdbestimmt werden) und dem „Naiven" (lässt sich unüberlegt in kriminelle Machenschaften involvieren).[41]

Dies kann wiederum auch Auswirkungen auf alle drei Faktoren des Betrugsdreiecks haben. So wird ein stark narzisstisch veranlagter Mensch eher dazu tendieren, sich mittels finanzieller Mittel selbst als „besonders wichtige Person" darzustellen und seine

---

[39] Vgl. *Siller* 2015, S. 1.
[40] Vgl. *Pütter* 08.09.2010, S. 2.
[41] Vgl. *Cleff/Luppold/Naderer et al* 2009, S. 26.

Selbstliebe nach innen und außen zu pflegen. Der finanzielle Anreiz in Form des Strebens nach Besitz von Luxusgütern wie eine Villa, teure Fahrzeuge, Yachten, Designerkleidung oder Markenuhren ist hier stark ausgeprägt. Aus diesem Antrieb heraus sucht der ausgeprägte Narzisst nicht nur zielgerichtet nach Tatgelegenheiten, sondern er hat auch überaus schnell eine Rechtfertigung für sein illegales Tun zur Hand.

Zweitens, auch Menschen ohne besondere dolose Neigung können, wenn die Anreize besonders hoch sind und die Gelegenheit sich bietet, wirtschaftskriminell werden. Statistisch gesehen bildet diese Gruppe die große Mehrheit. Hier unterscheidet Schneider zwischen dem „Krisentäter", der durch berufliche oder private Krisen kriminell wird, weil er ein inadäquates Anspruchsniveau aufrechterhalten will. Ferner führt er den Typ des „Unauffälligen" ein, der keine sichtbaren personalen Risikofaktoren aufweise und seine Taten sich im Wesentlichen aus der Tatgelegenheit herleiten ließen.[42]

Drittens, so Kopp, würde nur eine Minderheit der Menschen ausschließlich in absoluten Ausnahmen der Versuchung erliegen, z.b. korrupt zu werden oder andere dolose Handlungen zu begehen. Unterschiedliche Studien reichten von 5% bis max. 15% der Bevölkerung.[43]

3.3. Anreize und Motive

Wie oben erwähnt, geht es bei Korruption in über zwei Drittel der Fälle um Sachzuwendungen und Geld. Habgier scheint vordergründig eine besondere Rolle zu spielen. Cleff et al gehen jedoch davon aus, dass die Motivstruktur wesentlich komplexer sei und dass Geld bei allen Tätertypen lediglich ein *Quasibedürfnis* sei, hinter dem tieferliegende Motive stecken. Die Motive der Täter seien nicht materieller Natur, sondern häufig sozial motiviert. Es geht um die Suche nach Anerkennung, Ansehen und Respekt, um Aufwertung der eigenen Person, um das Gefühl, dazuzugehören, um Frustkompensation oder um die Sicherstellung emotionaler Bindungen durch die Erfüllung von Ansprüchen Dritter, z.B. des Lebenspartners.[44]

---

[42] Vgl. *Pütter* 08.09.2010, S. 4.
[43] Vgl. *Kopp, Ralph*, mündliche Mitteilung, 13.05.2015
[44] angelehnt an *Cleff/Luppold/Naderer et al* 2009, S. 26.

Angelehnt an die Ergebnisse der BKA-Studie spielen auf der Ebene des Individuums folgende Motive für Korruption eine wesentliche Rolle: Persönliche Probleme, die in finanziellen Schwierigkeiten münden (Spiel- oder Alkohol- und Drogensucht, Überschuldung, problematische Partnerschaften oder Scheidung), berufliche Frustration, Unzufriedenheit mit dem Dienstherren, eine unangemessene Identifikation mit der Behörde (reines „Jobdenken" oder Überidentifikation), dienstliche Überforderung, subjektiv befundene Unterbezahlung, übersteigertes Geltungsbedürfnis, Prestigedenken und Ehrgeiz, „falsch verstandene" Loyalitäten sowie Rollenkonflikte der Polizisten, d.h. Selbstanspruch an die eigene Arbeit und die Konfrontation mit den Realitäten des beruflichen Alltags.[45]

Den Erfahrungen eines Polizeikommissars aus Nordrhein-Westfalen zu folge spielen als Motive für Korruption neben persönlichen finanziellen Krisensituationen und pathologischen Persönlichkeitsprofilen (wie oben skizziert) vor allem ein spezieller Wirkungszusammenhang eine besondere Rolle. Er nennt ihn den „Teufelskreis der Frustration" und skizziert ihn wie folgt:

„Junge Polizisten verlassen die Polizeischule und verfügen über einen hohen Anspruch an sich und ihre Arbeit. Sie möchten einen Beitrag zu mehr Sicherheit und Gerechtigkeit in der Welt beitragen. Relativ schnell erfahren sie, dass das, was ihnen in der Ausbildung vermittelt wurde, eine Art idealisiertes Bild der Polizeiarbeit darstellt, das mit der Realität nur bedingt übereinstimmt. Sie treffen in den Dienststellen zum Teil auf bereits desillusionierte Kollegen, die wenig leidenschaftlich ihrer Arbeit nachgehen. Die Ursache dafür ist häufig eine Mischung aus langwierigen und starren und nicht immer fair empfundenen Beförderungsprozeduren, ein zwar bei Diensteintritt angemessenes Gehalt, das jedoch in der weiteren Entwicklung mit Beschäftigungsverhältnissen in der freien Wirtschaft nicht mithalten kann, starre Hierarchien, eine hohe Aversion selbst gegen konstruktive Kritik in den eigenen Reihen, Eigeninitiative wird als „Bedrohung für den Status Quo" verstanden. Ferner ist zu nennen: Eine schlechte personelle und technische Ausstattung der Polizeibehörden und eine starke Unzufriedenheit über die staatsanwaltschaftliche Praxis, viele, zum Teil mühsam ermittelte Fälle einzustellen. Dies belastet das Gerechtigkeitsempfinden der jungen Polizisten.

---

[45] Vgl. *Mischkowitz/Bruhn/Desch et al*, 2000, S. 206.

Ihr Weltbild fängt an, Risse zu bekommen. All dies führt mittelfristig zu einer Entfremdung mit der eigenen Arbeit und dem eigenen Selbstbild, zu einer Anhäufung an Frustrationen, die zu dauerhaften dissoziativen Spannungen führt, die auf irgendeine Weise kompensiert, gelöst werden müssen. Dies kann auf dem Wege der inneren Kündigung, der beruflichen Umorientierung, der Verlagerung der beruflichen Erfolgsmomente auf legale Nebentätigkeiten und schließlich auch durch Korruption geschehen."[46]

Weitere Ursachen einer „dauerhaften Frustration" und „persistierender anomischer Reize" werden durch einen Polizeibeamten aus Niedersachen angeführt: „Seit der Föderalismusreform werden Beamte in den jeweiligen Bundesländern trotz gleicher Besoldungsstufe unterschiedlich bezahlt. In den „ärmeren" Bundesländern werden die meisten Beamten nach dem Studium an der Polizeiakademie nur einmal befördert. Nur wenige erreichen höhere Positionen, nicht, weil die Leistung nicht stimmt, sondern weil das Land sich die Personalkosten nicht leisten kann."[47]

3.4. Gelegenheiten

3.4.1. Besonders kritische Funktionen

„Gelegenheit macht Diebe", so lautet ein deutsches Sprichwort. Und tatsächlich gibt es Aufgabenfelder, die für Korruption eine überdurchschnittliche Gefährdung aufweisen. Zu ihnen zählen die Durchführung verdeckter Ermittlungen und das Führen von V-Personen, Funktionen im Auskunfts- und Fahndungsdienst (Dateienführung und Aktenverwaltung), die Durchführung von Ermittlungen von Strafverfahren, Funktionen im Bereich der Gefahrenabwehr, des Streifendienstes und der Verkehrsüberwachung und schließlich Aufgabenbereiche der Verwaltung mit unmittelbarer Auswirkung auf hoheitliche Aufgabenwahrnehmungen (z.B. Ausstattung).[48]

---

[46] *Polizeikommissar der Bundespolizei mit Dienstsitz in Nordrhein-Westfalen*, mündliche Mitteilung, 18.05.2015.
[47] *Polizeibeamter der Landespolizei in Niedersachsen*, mündliche Mitteilung, 08.06.2015.
[48] Vgl. *Mischkowitz/Bruhn/Desch et al*, 2000, S. 311.

3.4.2. Institutionelle Schwächen

Neben bestimmten Funktionen können auch institutionelle Schwächen günstige Gelegenheiten für dolose Handlungen bieten. Dazu zählen unter anderem eine nicht ausreichende Sensibilisierung bezüglich des Themas Korruption, mangelnde Dienst- und Fachaufsicht, fehlende Kontrollen, Führungsschwächen, zu große Ermessensspielräume und Entscheidungskompetenzen, fehlende Transparenz bei Entscheidungsvorgängen, fehlende positive Vorbilder, insbesondere in Gestalt des direkten Vorgesetzten, eine unzureichende materielle Entlohnung, defizitäre Rekrutierungsmechanismen und eine falsch verstandene Loyalität, die dazu führt, dass korruptes Verhalten nicht gemeldet, sondern geduldet wird bzw. man sich sogar daran beteiligt.[49]

3.5. Rechtfertigung

Nicht jeder Mitarbeiter, der finanziell unter Druck steht (oder glaubt, sich so zu fühlen) und dem sich gleichzeitig eine Gelegenheit zur kriminellen Handlung bietet, wird auch tatsächlich die Tat begehen. Ausschlaggebend ist – zumindest zu Beginn der illegalen Aktivitäten – die individuelle Wahrnehmung bzw. Bewertung der dolosen eigenen Handlung.[50] Denn viele Täter haben durchaus ein Unrechtsbewusstsein, ein „schlechtes Gewissen", wenn sie solche Taten planen bzw. durchführen.

Je nach individueller Situation und Persönlichkeitsprägung kann als Neutralisierungstechnik argumentiert werden, dass kein Schaden entstünde oder das Geld dem Täter zustehe, weil er sowieso zu wenig bekäme[51], oder man beruft sich auf das *Prinzip der sozialen Bewährtheit* und beruhigt sich damit, weil „dies doch sowieso alle tun."

Schließlich kann die sich selbst zugestandene Rechtfertigung auch der Endpunkt eines langen individuellen Frustrations- und Entfremdungsprozesses darstellen.

---

[49] Vgl. *Mischkowitz/Bruhn/Desch et al*, 2000, S. 205.
[50] Vgl. *Cleff/Luppold/Naderer et al* 2009, S. 16.
[51] Vgl. *Cleff/Luppold/Naderer et al* 2009, S. 16.

4. Ansätze zur Prävention und Bekämpfung von Polizeikorruption

4.1. Das Präventions- und Bekämpfungskonzept der Innenministerkonferenz

Die Innenministerkonferenz verabschiedete am 3. Mai 1996 ein zwölf Punkte umfassendes *Präventions- und Bekämpfungskonzept Korruption*, das in den Bundesländern unterschiedlich umgesetzt wurde und wird.

Die Prävention umfasst eine verstärkte Sensibilisierung und Fortbildung, Optimierung der Ablauforganisation, Nutzen der Dienst- und Fachaufsicht, Einrichtung von Innenrevisionen und Korruptionsbeauftragten, Rotation, Vereinheitlichung von Geschenkerichtlinien, Einschränkung von Nebentätigkeiten, sowie die Beschleunigung von Disziplinarverfahren.

Im repressiven Bereich werden die Spezialisierung und Zentralisierung der Ermittlungen, die Bündelung personeller Ressourcen, die Qualifizierung der Ermittlungskräfte und die Einfindung wirtschaftswissenschaftlichen Sachverstandes genannt.[52]

4.2. Das Dreieck durchbrechen

Sind auf Basis der in den Kapiteln 2 und 3 gemachten Aussagen die unter 4.1 aufgeführten Maßnahmen ausreichend für eine effektive Korruptionsprävention? Laut Cressey sind sie es, wenn sie geeignet sind, das Betrugsdreieck zumindest an einer Seite zu durchbrechen. Wo können Anreize reduziert, Gelegenheiten verhindert und Rechtfertigungen für korruptes Verhalten erschwert werden?

4.2.1. Anreize reduzieren

Wie unter 3.2 beschrieben gibt es Menschen, die sich in besonderem Maße über Materielles definieren und stark narzisstische sowie hedonistische Prägungen aufweisen. Diese Menschen erleben anomische Reize besonders ausgeprägt und stellen daher ein überdurchschnittliches Risikopotential für korruptes Verhalten dar.

---

[52] Vgl. *Mischkowitz/Bruhn/Desch et al*, 2000, S. 374.

Wesentlich wäre hier – so wie dies bei manchen Großunternehmen bereits Routine ist – Bewerber nach entsprechenden Auffälligkeiten zu analysieren. Dazu böten sich sogenannte *Integritätstests* an, um Bewerber mit „wirtschaftskriminellem Belastungssyndrom" vor Einstellung zu identifizieren und nicht einzustellen. Für besonders kritische Funktionen, wie z.b. das Führen von V-Personen und im Bereich der Bekämpfung der Organisierten Kriminalität wären zusätzliche Einzelgutachten durch forensische Psychologen ratsam.

Um den Anreiz für Korruption zu verringern, ist eine ausreichende Sensibilisierung für dieses Thema erforderlich. Nur wer weiß, wie z.b. Anfütterungstechniken (sogenannte „Kultivierung") funktionieren, kann sie identifizieren und sich rechtzeitig ihnen entziehen. Häufig sind die Wirkungsmechanismen und entstehenden Abhängigkeiten dem Beamten unklar. Sein Kosten-Nutzen-Kalkül ist daher stark verzerrt und schreckt somit nicht ab.

Für jenes Kalkül ist es auch die Entdeckungs- und Bestrafungswahrscheinlichkeit relevant. Daher sind effektive interne Kontroll- und Strafverfolgungsmechanismen notwendig. Anonyme Meldewege sollten eingerichtet werden.

Ferner sollten persönliche Krisen von Mitarbeitern durch Vorgesetzte und Kollegen frühzeitig identifiziert, angesprochen und adäquat begleitet werden. Bezogen auf die Prävention von Korruption sind das vor allen Dingen Situationen, die zu einem erheblichen Geldbedarf führen. Dazu zählen die Spielsucht und der exzessive Betäubungsmittelkonsum, Scheidungen und Überschuldungen. Hier ist – analog zu Großunternehmen – eine zur Verschwiegenheit verpflichtete Sozialberatung ein wichtiges präventives Instrument, über das bereits einige Landespolizeibehörden verfügen und das flächendeckend jedem Polizisten zur Verfügung stehen sollte.

Jeder junge Mensch, der sich für den Beruf des Polizisten entscheidet, weiß, dass er unter legalen Umständen nicht zu großem Wohlstand kommen wird. Daher ist es wichtig, seine Suche nach Anerkennung, Ansehen und Respekt auf andere Weise zu fördern und zwar durch eine besonders ausgeprägte Führungskompetenz des Vorgesetzten (Motivation, faires Verhalten bezüglich Bewertungen und Beförderungen, konstruktives Feedback, offenes Ohr auch für Missstände, Fürsorge, Unterstützung in Notlagen, usw.).

Und schließlich muss sich jede Regierung fragen, wieviel Geld ihr eine korruptionsarme Polizei wert ist. Leistungszulagen, faire Beförderungschancen und entsprechend entlohnte Spezialisierungen sowie die Anerkennung von außerhalb der Polizei erworbenen Studienabschlüssen sollten mehr Flexibilität hinsichtlich individueller Karrieren schaffen, um „persistierende Frustrationen" zu vermeiden.

4.2.2. Gelegenheiten verhindern

Um Gelegenheiten zu vermeiden, ist vor allen Dingen die Einhaltung des Vier-Augen-Prinzips wesentlich. Dieses Prinzip stößt jedoch dort an seine Grenzen, wo z.B. der Partner auf der Streife selbst an der Korruption mit beteiligt ist. Daher sind fachlich versierte, neutrale Kontrollen von dritter Seite erforderlich, um das Entdeckungsrisiko solcher konzertierter Handlungen zu erhöhen.

Für das Erschweren *systematischer Korruption* ist vor allem die Rotation ein geeignetes Mittel. Wer lange eine Funktion bekleidet, läuft Gefahr, in langjährige, häufig sehr stabile Korruptionsnetze versponnen zu werden.

4.2.3. Rechtfertigung erschweren

Die Rechtfertigung korrupter Praktiken kann erschwert werden, in dem das Unrechtsbewusstsein dafür geschärft wird. Dies sollte bereits in der Polizeiausbildung beginnen. Hier wäre auch der geeignete Platz, um Rollenkonflikte (*Polizeikultur* versus *Cop Culture*) zu adressieren und ein realistischeres Leitbild zu vermitteln, um Desillusionierungen vorzubeugen.

Wesentlich für die Bekämpfung von Korruption sind aus Sicht des Autors die Vorbildfunktion des Vorgesetzen und den Raum, den er diesem Thema in der alltäglichen Praxis widmet. Nicht allein ein irgendwo von Dritten klangvoll formuliertes Leitbild, sondern die direkte Überzeugungsarbeit, die regelmäßige Ansprache des Themas, die offene Diskussion alltäglicher korruptionsgefährdeter Situationen bzw. ethischer Dilemmata[53] und die Kreation eines der Korruptionslosigkeit verpflichteten *Wir-Gefühls* helfen, eine Ethik zu schaffen, die selbst beim Zusammenkommen starker Anreize und günstiger Gelegenheiten immunisierend wirken kann.

5. Fazit

Trotz der vergleichsweise geringen Anzahl an Fällen im Hellfeld darf das Phänomen Polizeikorruption auch in Deutschland nicht unterschätzt werden. Neben Skandalen, die via Presse in die Öffentlichkeit gelangen, gibt es Indizien, dass das Dunkelfeld nicht unerheblich ist – es ist kein Problem einzelner „schwarzer Schafe".

Es gibt viele Möglichkeiten, durch den Missbrauch der verliehenen Polizeimacht sich zu bereichern. Es bedarf weiterer kreativer und unabhängiger Forschung, um das Dunkelfeld aufzuhellen. Ferner sollte das Thema politisch weiter enttabuisiert werden.

Besonderes Augenmerk muss auf die Verhinderung bzw. Bekämpfung der systematischen Korruption gelegt werden – sie kann wie eine Krake um sich greifen und hohen wirtschaftlichen, sozialen und schließlich politischen Schaden verursachen. Als besonders kritisch ist dabei ein Umfeld zu bewerten, in dem korrupte Machenschaften zumindest zum Teil geduldet werden und die vorherrschende Subkultur eine Aufklärung bzw. disziplinarische Verfolgung verhindert.

Ein cleverer Mix präventiver und reaktiver Maßnahmen ist gefragt, der über das Konzept der Innenministerkonferenz von 1996 hinausgehen sollte. Es darf nicht schwerpunktmäßig symptomatisch, sondern muss noch mehr an den Ursachen der Korruption ansetzen.

Neben dem Ausschöpfen der Möglichkeiten zur Begrenzung der Tatgelegenheiten sollte der Fokus auf der „Anreizseite" schwerpunktmäßig auf einer psychologischen Eignungsprüfung, früh ansetzenden Sensibilisierungsmaßnahmen, der tatkräftigen Unterstützung im persönlichen Krisenfall und auf die Ausgestaltung eines guten Mitarbeiter-Vorgesetzten-Verhältnisses liegen.

---

[53] Vgl. *Mischkowitz/Bruhn/Desch et al*, 2000, S. 376.

Um eine Rechtfertigung zu erschweren, kommt der Förderung eines Unrechtsbewusstseins und der Vorbildfunktion des Vorgesetzten eine Schlüsselrolle zu.

Schließlich liegt es in den Händen der Innenministerien und Polizeibehörden, sich einer kritischen Auseinandersetzung mit – wie ich es nenne „systembedingter persistierender Frustration" zu stellen, um die Rahmenbedingungen für ein „gesundes Selbstbild" der Beamten in einer vitalen, leistungsorientierten, im internen Umgang als fair empfundenen Organisation zu schaffen.

6. Literaturverzeichnis

6.1. Quellen mit Autorenangabe

Ahlf, Ernst-Heinrich, Ethik im Polizeimanagement, BKA-Forschungsreihe, Bd. 42, Wiesbaden 1997.

Bundeskriminalamt, Bundeslagebild Korruption 2013, Wiesbaden 2013

Bundesministerium des Innern, Polizeiliche Kriminalstatistik 2013, Berlin 2014

Cato Institute, "2010 Annual Report, Police Misconduct", verfügbar unter: www.police-misconduct.net/statistics/2010-annual-report/, abgerufen am 18.05.2015

Cleff, Thomas/Luppold, Lisa/Naderer Gabriele et al, Wirtschaftskriminalität. Eine Analyse der Motivstrukturen, Ostercappeln 2009

Cressey, Donald R., Other People's Money, Montclair 1973

Kerner, Hans-Jürgen (Hrsg.), Kriminologie Lexikon, Heidelberg 1991

Kopietz, Andreas, „Verrat von Dienstgeheimnissen. Maulwurf bei Polizei enttarnt.", in: Berliner Zeitung (online), 28.08.2012, verfügbar unter: www.berliner-zeitung.de/politik/verrat-von-dienstgeheimnissen.maulwurf-bei-polizei--enttarnt,10808018,16994092,view,printVersion.html, abgerufen am 02.05.2015

Kopp, Ralph, mündliche Mitteilung im Rahmen des Vortrages „Identifizierung und Steuerung personeller Risiken mit Business Profiling", 9. BfV-Sicherheitstagung – „Innentäter, eine unterschätzte Gefahr in Unternehmen", Berlin 13.05.2015

Landeskriminalamt Baden-Württemberg, Korruption in Baden-Württemberg – Eine Hellfeldanalyse, Stuttgart 1995

Mischkowitz, Robert/Bruhn, Heike/Desch, Roland/Hübner, Gerd-Ekkehard/Beese, Dieter, Einschätzungen zur Korruption in Polizei, Justiz und Zoll. Ein gemeinsames

Forschungsprojekt des Bundeskriminalamtes und der Polizei-Führungsakademie. Wiesbaden 2000

Pütter, Christiane, „Gefahr durch IT-Fachkräfte: Die 4 Typen des Wirtschaftskriminellen", in: CIO, 08.09.2010, verfügbar unter: www.cio.de/a/die-4-typen-des-wirtschaftskriminellen,2244194, abgerufen am 22.05.2015

Schwind, Hans-Dieter, Kriminologie. Eine praxisorientierte Einführung mit Beispielen, 22. Auflage, Heidelberg 2013.

Siller, Helmut, Fraud Triangle, in: Gabler Wirtschaftslexikon Online, verfügbar unter: http://wirtschaftslexikon.gabler.de/Definition/fraud-triangle.html, abgerufen am 20.05.2015.

Transparency Deutschland, Transparenzmängel, Korruption und Betrug im deutschen Gesundheitswesen. Kontrolle und Prävention als gesellschaftliche Aufgabe, August 2005, verfügbar unter: www.transparency.de/uploads/media/Gesundheitspapier_Version_05.pdf, abgerufen am 16.05.2015.

Transparency International, „Corruption Perceptions Index 2014: Results", verfügbar unter: www.transparency.org/cpi2014/results, abgerufen am 18.05.2015

6.2. Quellen ohne Autorenangabe

„Allgäuer Kokain-Affäre. Jetzt auch Beamtin unter Verdacht", in: BR (online), 01.07.2014, verfügbar unter: www.br.de/nachrichten/schwaben/kokain-kempten-drogenfahnder-100.html, abgerufen am 29.04.2015

Polizeibeamter (NN) der Landespolizei in Niedersachen, mündliche Mitteilung, 08.06.2015.

Polizeikommissar (NN) der Bundespolizei mit Dienstsitz in Nordrhein-Westfalen, mündliche Mitteilung, 18.05.2015